개 역 개 정 · 신 약 성 경 쓰 기

# 마태복음하

내가 너희에게 분부한
모든 것을 가르쳐 지키게 하라
볼지어다 내가 세상 끝날까지
너희와 항상 함께 있으리라 하시니라

_마 28:20

유슬북.

# 구약성경 통독표

| 순번 | 성경 목록 | 장 | 절 | 평균통독시간/분 | 순번 | 성경 목록 | 장 | 절 | 평균통독시간/분 |
|---|---|---|---|---|---|---|---|---|---|
| 1 | 창세기 | 50 | 1,533 | 203 | 21 | 전도서 | 12 | 222 | 31 |
| 2 | 출애굽기 | 40 | 1,213 | 162 | 22 | 아가 | 8 | 117 | 16 |
| 3 | 레위기 | 27 | 859 | 115 | 23 | 이사야 | 66 | 1,292 | 206 |
| 4 | 민수기 | 36 | 1,287 | 165 | 24 | 예레미야 | 52 | 1,364 | 300 |
| 5 | 신명기 | 34 | 959 | 147 | 25 | 예레미야애가 | 5 | 154 | 20 |
| 6 | 여호수아 | 24 | 658 | 99 | 26 | 에스겔 | 48 | 1,273 | 201 |
| 7 | 사사기 | 21 | 618 | 103 | 27 | 다니엘 | 12 | 357 | 62 |
| 8 | 룻기 | 4 | 85 | 14 | 28 | 호세아 | 14 | 197 | 30 |
| 9 | 사무엘상 | 31 | 810 | 136 | 29 | 요엘 | 3 | 73 | 11 |
| 10 | 사무엘하 | 24 | 695 | 113 | 30 | 아모스 | 9 | 146 | 23 |
| 11 | 열왕기상 | 22 | 816 | 128 | 31 | 오바댜 | 1 | 21 | 4 |
| 12 | 열왕기하 | 25 | 719 | 121 | 32 | 요나 | 4 | 48 | 7 |
| 13 | 역대상 | 29 | 942 | 119 | 33 | 미가 | 7 | 105 | 17 |
| 14 | 역대하 | 36 | 822 | 138 | 34 | 나훔 | 3 | 47 | 8 |
| 15 | 에스라 | 10 | 280 | 42 | 35 | 하박국 | 3 | 56 | 9 |
| 16 | 느헤미야 | 13 | 406 | 61 | 36 | 스바냐 | 3 | 53 | 9 |
| 17 | 에스더 | 10 | 167 | 29 | 37 | 학개 | 2 | 38 | 6 |
| 18 | 욥기 | 42 | 1,070 | 115 | 38 | 스가랴 | 14 | 211 | 33 |
| 19 | 시편 | 150 | 2,461 | 275 | 39 | 말라기 | 4 | 55 | 11 |
| 20 | 잠언 | 31 | 915 | 92 | | 합 계 | 929 | 23,144 | 3,381 |

# 신약성경 통독표

| 순번 | 성경 목록 | 장 | 절 | 평균통독시간/분 | 순번 | 성경 목록 | 장 | 절 | 평균통독시간/분 |
|---|---|---|---|---|---|---|---|---|---|
| 1 | 마태복음 | 28 | 1,071 | 130 | 15 | 디모데전서 | 6 | 113 | 14 |
| 2 | 마가복음 | 16 | 678 | 81 | 16 | 디모데후서 | 4 | 83 | 11 |
| 3 | 누가복음 | 24 | 1,151 | 138 | 17 | 디도서 | 3 | 46 | 6 |
| 4 | 요한복음 | 21 | 879 | 110 | 18 | 빌레몬서 | 1 | 25 | 2 |
| 5 | 사도행전 | 28 | 1,007 | 127 | 19 | 히브리서 | 13 | 303 | 41 |
| 6 | 로마서 | 16 | 433 | 58 | 20 | 야고보서 | 5 | 108 | 14 |
| 7 | 고린도전서 | 16 | 437 | 57 | 21 | 베드로전서 | 5 | 105 | 15 |
| 8 | 고린도후서 | 13 | 256 | 37 | 22 | 베드로후서 | 3 | 61 | 9 |
| 9 | 갈라디아서 | 6 | 149 | 19 | 23 | 요한1서 | 5 | 105 | 15 |
| 10 | 에베소서 | 6 | 155 | 18 | 24 | 요한2서 | 1 | 13 | 2 |
| 11 | 빌립보서 | 4 | 104 | 14 | 25 | 요한3서 | 1 | 15 | 2 |
| 12 | 골로새서 | 4 | 95 | 12 | 26 | 유다서 | 1 | 25 | 4 |
| 13 | 데살로니가전서 | 5 | 89 | 12 | 27 | 요한계시록 | 22 | 404 | 61 |
| 14 | 데살로니가후서 | 3 | 47 | 6 | | 합 계 | 260 | 7,957 | 1,015 |

| 구약성경 | 39권 | 23,144절 | 1,006,953문자 | 352,319단어 | 평균 통독시간 | 56시간 |
|---|---|---|---|---|---|---|
| 신약성경 | 27권 | 7,957절 | 315,579문자 | 110,237단어 | 평균 통독시간 | 17시간 |

# 우리는 성경을 읽지만, 세상은 우리를 읽습니다!

성경은 세상의 모든 책을 담을 수 있는 가장 큰 그릇입니다.
성경 필사는 단순히 베끼어 쓰는 게 아니라, 눈으로 말씀을 읽고 손으로 쓰면서 머리로 생각하는 작업입니다.
눈과 손, 머리를 동시에 동원하므로 성경 필사는 오래전부터 그 효과가 입증된 글쓰기 훈련법입니다.
세계적으로 저명한 사람들은 필사의 경험 없는 사람이 없습니다.

손과 종이 위에 연필 끝이 만나는 순간 미묘한 시간차가 발생합니다. 필사가 제공하는 틈 그 순간에 머리는
가만히 있지 않습니다. 단어와 문장을 거슬러 올라가고 맥락을 헤아리고 성경 말씀을 되새김질 합니다.
또한 눈으로 읽을 때는 미처 보지 못한 내용을 필사 과정에서 발견하고 깨달을 수 있습니다.

성경 필사는 하나님 말씀이 생명력 있게 살아나게 하는 작업입니다. 하나님 말씀이 우리의 마음에 가득할 때,
하나님은 우리의 소원과 기도 제목을 들으시고 이루어 주실 것입니다. 성경의 진리를 오직 말씀과 성령의
조명으로 해석하여 교리를 세우고 모든 삶의 기준과 원칙으로 적용한 청교도처럼, 예수를
가장 잘 믿으며 가장 순수한 신앙으로 살아가는 "크리스천"이 되기를 소망합니다.

엮은이 김영기

# 우슬북 성경 쓰기 시리즈 특징 ····   *필사와 통독의 기쁨을 함께~!*

## 볼펜, 만년필로 성경 쓰기 편한 고급 재질의 종이 사용

[우슬북 신약성경 쓰기 시리즈❶ 마태복음하]
은 유성볼펜이나 만년필 사용에 적합하도록
도톰하고 고급스런 광택이 나는 재질의 종이
를 사용하였습니다.

## 성경 쓰기 편하도록 페이지가 180도 펼쳐지는 고급 제본

[우슬북 신약성경 쓰기 시리즈❶ 마태복음하]
은 책을 펼친 중간 부분이 걸리지 않도록 페
이지가 완전히 펼쳐지는 180도 고급 제본을
사용하였습니다.

## 10여 년의 경험으로 성경 읽고 쓰기 편안한 글씨체 사용

[우슬북 신약성경 쓰기 시리즈❶ 마태복음하]
은 통독을 겸한 필사가 가능하도록 읽고 쓰
면서 스트레스 받지 않는 글씨체를 10여 년
의 실패와 경험으로 선정, 사용하였습니다.

## 따라쓸 수 있는 한자 병기로 말씀 묵상의 극대화

[우슬북 신약성경 쓰기 시리즈❶ 마태복음하]
은 긍정적이고 따라쓰기 쉬운 한자(漢字)를
병기(併記)하여 깊은 묵상을 극대화하였습
니다.

악한 세대가 표적을 구하나

**16** ¹ 바리새인과 사두개인들이 와서 예수를 시험하여
하늘로부터 오는 표적 보이기를 청하니

² 예수께서 대답(對答)하여 이르시되
너희가 저녁에 하늘이 붉으면 날이 좋겠다 하고

³ 아침에 하늘이 붉고 흐리면
오늘은 날이 궂겠다 하나니

너희가 날씨는 분별할 줄 알면서
시대의 표적은 분별할 수 없느냐

⁴ 악하고 음란한 세대가 표적을 구하나
요나의 표적 밖에는 보여 줄 표적이 없느니라 하시고
그들을 떠나 가시니라

바리새인과 사두개인들의 누룩

⁵ 제자들이 건너편으로 갈새 떡 가져가기를 잊었더니

⁶ 예수께서 이르시되
삼가 바리새인과 사두개인들의 누룩을 주의하라 하시니

⁷ 제자들이 서로 논의하여 이르되
우리가 떡을 가져오지 아니하였도다 하거늘

⁸ 예수께서 아시고 이르시되 믿음이 작은 자들아
어찌 떡이 없으므로 서로 논의하느냐

⁹ 너희가 아직도 깨닫지 못하느냐
떡 다섯 개로 오천 명을 먹이고 주운 것이 몇 바구니며

¹⁰ 떡 일곱 개로 사천 명을 먹이고 주운 것이
몇 광주리였는지를 기억하지 못하느냐

¹¹어찌 내 말한 것이 떡에 관함이 아닌 줄을
깨닫지 못하느냐
오직 바리새인과 사두개인들의 누룩을 주의하라 하시니

¹²그제서야 제자들이 떡의 누룩이 아니요
바리새인과 사두개인들의 교훈을 삼가라고
말씀하신 줄을 깨달으니라

## 베드로가 예수를 그리스도로 고백하다

¹³예수께서 빌립보 가이사랴 지방에 이르러
제자들에게 물어 이르시되 사람들이 인자를 누구라 하느냐

¹⁴이르되 더러는 세례 요한, 더러는 엘리야,
어떤 이는 예레미야나 선지자(先知者) 중의 하나라 하나이다

¹⁵이르시되 너희는 나를 누구라 하느냐

<sup>16</sup>시몬 베드로가 대답하여 이르되
주는 그리스도시오 살아 계신 하나님의 아들이시니이다

<sup>17</sup>예수께서 대답하여 이르시되
바요나 시몬아 네가 복이 있도다

이를 네게 알게 한 이는 혈육이 아니오
하늘에 계신 내 아버지시니라

<sup>18</sup>또 내가 네게 이르노니 너는 베드로라
내가 이 반석 위에 내 교회를 세우리니
음부의 권세가 이기지 못하리라

<sup>19</sup>내가 천국 열쇠를 네게 주리니
네가 땅에서 무엇이든지 매면 하늘에서도 매일 것이오
네가 땅에서 무엇이든지 풀면 하늘에서도 풀리리라 하시고

<sup>20</sup>이에 제자들에게 경고하사 자기가 그리스도인 것을
아무에게도 이르지 말라 하시니라

## 죽음과 부활을 처음으로 이르시다

<sup>21</sup>이 때로부터 예수 그리스도께서 자기가 예루살렘에 올라가
장로들과 대제사장들과 서기관들에게 많은 고난을 받고

죽임을 당하고 제삼일에 살아나야 할 것을
제자들에게 비로소 나타내시니

<sup>22</sup>베드로가 예수를 붙들고 항변하여 이르되
주여 그리 마옵소서
이 일이 결코 주께 미치지 아니하리이다

<sup>23</sup>예수께서 돌이키시며 베드로에게 이르시되
사탄아 내 뒤로 물러 가라

너는 나를 넘어지게 하는 자로다
네가 하나님의 일을 생각하지 아니하고
도리어 사람의 일을 생각하는도다 하시고

24 이에 예수께서 제자들에게 이르시되
누구든지 나를 따라오려거든 자기를 부인하고
자기 십자가(十字架)를 지고 나를 따를 것이니라

25 누구든지 제 목숨을 구원하고자 하면 잃을 것이요
누구든지 나를 위하여 제 목숨을 잃으면 찾으리라

26 사람이 만일 온 천하를 얻고도
제 목숨을 잃으면 무엇이 유익하리요
사람이 무엇을 주고 제 목숨과 바꾸겠느냐

27 인자가 아버지의 영광으로 그 천사들과 함께 오리니

그 때에 각 사람이 행한 대로 갚으리라

²⁸진실로 너희에게 이르노니 여기 서 있는 사람 중에
죽기 전에 인자가 그 왕권을 가지고 오는 것을
볼 자들도 있느니라

## 영광스러운 모습으로 변형되시다

**17** ¹엿새 후에 예수께서 베드로와 야고보와
그 형제 요한을 데리시고
따로 높은 산에 올라가셨더니

²그들 앞에서 변형되사 그 얼굴이 해 같이 빛나며
옷이 빛과 같이 희어졌더라

³그 때에 모세와 엘리야가 예수와 더불어 말하는 것이
그들에게 보이거늘

4 베드로가 예수께 여쭈어 이르되
주여 우리가 여기 있는 것이 좋사오니

만일 주께서 원하시면 내가 여기서 초막 셋을 짓되
하나는 주님을 위하여, 하나는 모세를 위하여,
하나는 엘리야를 위하여 하리이다

5 말할 때에 홀연히 빛난 구름이 그들을 덮으며
구름 속에서 소리가 나서 이르시되

이는 내 사랑하는 아들이요 내 기뻐하는 자니
너희는 그의 말을 들으라 하시는지라

6 제자들이 듣고 엎드려 심히 두려워하니

7 예수께서 나아와 그들에게 손을 대시며 이르시되
일어나라 두려워하지 말라 하시니

⁸제자들이 눈을 들고 보매
오직 예수 외에는 아무도 보이지 아니하더라

⁹그들이 산에서 내려올 때에 예수께서 명하여 이르시되
인자가 죽은 자 가운데서 살아나기 전에는
본 것을 아무에게도 이르지 말라 하시니

¹⁰제자들이 물어 이르되 그러면 어찌하여
서기관들이 엘리야가 먼저 와야 하리라 하나이까

¹¹예수께서 대답하여 이르시되
엘리야가 과연 먼저 와서 모든 일을 회복하리라

¹²내가 너희에게 말하노니 엘리야가 이미 왔으되
사람들이 알지 못하고 임의로 대우하였도다
인자(人子)도 이와 같이 그들에게 고난을 받으리라 하시니

<sup>13</sup>그제서야 제자들이 예수께서 말씀하신 것이
세례 요한인 줄을 깨달으니라

## 귀신 들린 아이를 고치시다

<sup>14</sup>그들이 무리에게 이르매
한 사람이 예수께 와서 꿇어 엎드려 이르되

<sup>15</sup>주여 내 아들을 불쌍히 여기소서
그가 간질로 심히 고생하여
자주 불에도 넘어지며 물에도 넘어지는지라

<sup>16</sup>내가 주의 제자들에게 데리고 왔으나
능히 고치지 못하더이다

<sup>17</sup>예수께서 대답하여 이르시되 믿음이 없고 패역한 세대여
내가 얼마나 너희와 함께 있으며 얼마나 너희에게 참으리요

그를 이리로 데려오라 하시니라

<sup>18</sup>이에 예수께서 꾸짖으시니 귀신이 나가고
아이가 그 때부터 나으니라

<sup>19</sup>이 때에 제자들이 조용히 예수께 나아와 이르되
우리는 어찌하여 쫓아내지 못하였나이까

<sup>20</sup>이르시되 너희 믿음이 작은 까닭이니라
진실로 너희에게 이르노니 만일 너희에게 믿음이

겨자씨 한 알 만큼만 있어도 이 산을 명(命)하여
여기서 저기로 옮겨지라 하면 옮겨질 것이요
또 너희가 못할 것이 없으리라

<sup>21</sup>(없음)

죽음과 부활을 다시 이르시다

²²갈릴리에 모일 때에 예수께서 제자들에게 이르시되
인자가 장차 사람들의 손에 넘겨져

²³죽임을 당하고 제삼일에 살아나리라 하시니
제자들이 매우 근심하더라

## 성전세를 내시다

²⁴가버나움에 이르니 반 세겔 받는 자들이
베드로에게 나아와 이르되
너의 선생은 반 세겔을 내지 아니하느냐

²⁵이르되 내신다 하고 집에 들어가니
예수께서 먼저 이르시되 시몬아 네 생각은 어떠하냐

세상 임금들이 누구에게 관세와 국세를 받느냐
자기 아들에게냐 타인에게냐

<sup>26</sup>베드로가 이르되 타인에게니이다
예수께서 이르시되 그렇다면 아들들은 세를 면하리라

<sup>27</sup>그러나 우리가 그들이 실족하지 않게 하기 위하여
네가 바다에 가서 낚시를 던져 먼저 오르는 고기를 가져

입을 열면 돈 한 세겔을 얻을 것이니
가져다가 나와 너를 위하여 주라 하시니라

## 천국에서 큰 사람

**18** <sup>1</sup>그 때에 제자들이 예수께 나아와 이르되
천국에서는 누가 크니이까

<sup>2</sup>예수께서 한 어린 아이를 불러 그들 가운데 세우시고

<sup>3</sup>이르시되 진실로 너희에게 이르노니
너희가 돌이켜 어린 아이들과 같이 되지 아니하면

결단(決斷)코 천국에 들어가지 못하리라

4 그러므로 누구든지 이 어린 아이와 같이
자기를 낮추는 사람이 천국에서 큰 자니라

5 또 누구든지 내 이름으로 이런 어린 아이 하나를 영접하면
곧 나를 영접함이니

6 누구든지 나를 믿는 이 작은 자 중
하나를 실족하게 하면

차라리 연자 맷돌이 그 목에 달려서
깊은 바다에 빠뜨려지는 것이 나으니라

7 실족하게 하는 일들이 있음으로 말미암아
세상에 화가 있도다
실족하게 하는 일이 없을 수는 없으나

실족하게 하는 그 사람에게는 화가 있도다

8 만일 네 손이나 네 발이 너를 범죄하게 하거든
찍어 내버리라

장애인이나 다리 저는 자로 영생에 들어가는 것이
두 손과 두 발을 가지고
영원한 불에 던져지는 것보다 나으니라

9 만일 네 눈이 너를 범죄하게 하거든 빼어 내버리라
한 눈으로 영생(永生)에 들어가는 것이
두 눈을 가지고 지옥 불에 던져지는 것보다 나으니라

10 삼가 이 작은 자 중의 하나도 업신여기지 말라
너희에게 말하노니 그들의 천사들이 하늘에서
하늘에 계신 내 아버지의 얼굴을 항상 뵈옵느니라

11 (없음)

12 너희 생각에는 어떠하냐
만일 어떤 사람이 양 백 마리가 있는데

그 중의 하나가 길을 잃었으면
그 아흔아홉 마리를 산에 두고 가서
길 잃은 양을 찾지 않겠느냐

13 진실로 너희에게 이르노니 만일 찾으면 길을 잃지 아니한
아흔아홉 마리보다 이것을 더 기뻐하리라

14 이와 같이 이 작은 자 중의 하나라도 잃는 것은
하늘에 계신 너희 아버지의 뜻이 아니니라

형제가 죄를 범하거든

15 네 형제가 죄를 범하거든

가서 너와 그 사람과만 상대하여 권고하라
만일 들으면 네가 네 형제를 얻은 것이요

16만일 듣지 않거든 한두 사람을 데리고 가서
두세 증인의 입으로 말마다 확증하게 하라

17만일 그들의 말도 듣지 않거든 교회에 말하고
교회의 말도 듣지 않거든 이방인과 세리와 같이 여기라

18진실로 너희에게 이르노니
무엇이든지 너희가 땅에서 매면 하늘에서도 매일 것이요
무엇이든지 땅에서 풀면 하늘에서도 풀리리라

19진실로 다시 너희에게 이르노니
너희 중의 두 사람이 땅에서 합심하여 무엇이든지 구하면
하늘에 계신 내 아버지께서 그들을 위하여 이루게 하시리라

<sup>20</sup>두세 사람이 내 이름으로 모인 곳에는
나도 그들 중에 있느니라

## 용서할 줄 모르는 종 비유

<sup>21</sup>그 때에 베드로가 나아와 이르되
주여 형제가 내게 죄를 범하면

몇 번이나 용서(容恕)하여 주리이까
일곱 번까지 하오리이까

<sup>22</sup>예수께서 이르시되 네게 이르노니 일곱 번뿐 아니라
일곱 번을 일흔 번까지라도 할지니라

<sup>23</sup>그러므로 천국은 그 종들과 결산하려 하던
어떤 임금과 같으니

<sup>24</sup>결산할 때에 만 달란트 빚진 자 하나를 데려오매

<sup>25</sup>갚을 것이 없는지라
주인이 명하여 그 몸과 아내와 자식들과
모든 소유를 다 팔아 갚게 하라 하니

<sup>26</sup>그 종이 엎드려 절하며 이르되
내게 참으소서 다 갚으리이다 하거늘

<sup>27</sup>그 종의 주인이 불쌍히 여겨 놓아 보내며
그 빚을 탕감하여 주었더니

<sup>28</sup>그 종이 나가서 자기에게 백 데나리온 빚진
동료 한 사람을 만나 붙들어 목을 잡고 이르되
빚을 갚으라 하매

<sup>29</sup>그 동료가 엎드려 간구하여 이르되
나에게 참아 주소서 갚으리이다 하되

30 허락하지 아니하고 이에 가서
그가 빚을 갚도록 옥에 가두거늘

31 그 동료들이 그것을 보고 몹시 딱하게 여겨
주인에게 가서 그 일을 다 알리니

32 이에 주인이 그를 불러다가 말하되 악한 종아
네가 빌기에 내가 네 빚을 전부 탕감하여 주었거늘

33 내가 너를 불쌍히 여김과 같이
너도 네 동료를 불쌍히 여김이 마땅하지 아니하냐 하고

34 주인이 노하여 그 빚을 다 갚도록
그를 옥졸들에게 넘기니라

35 너희가 각각 마음으로부터 형제를 용서하지 아니하면
나의 하늘 아버지께서도 너희에게 이와 같이 하시리라

## 이혼에 대하여 가르치시다

# 19

¹ 예수께서 이 말씀을 마치시고 갈릴리를 떠나
요단 강 건너 유대 지경에 이르시니

² 큰 무리가 따르거늘
예수께서 거기서 그들의 병을 고치시더라

³ 바리새인들이 예수께 나아와 그를 시험하여 이르되
사람이 어떤 이유가 있으면
그 아내를 버리는 것이 옳으니이까

⁴ 예수께서 대답하여 이르시되
사람을 지으신 이가 본래 그들을 남자와 여자로 지으시고

⁵ 말씀하시기를 그러므로 사람이 그 부모(父母)를 떠나서
아내에게 합하여 그 둘이 한 몸이 될지니라 하신 것을

읽지 못하였느냐

6 그런즉 이제 둘이 아니요 한 몸이니
그러므로 하나님이 짝지어 주신 것을
사람이 나누지 못할지니라 하시니

7 여짜오되 그러면 어찌하여 모세는
이혼 증서를 주어서 버리라 명하였나이까

8 예수께서 이르시되 모세가 너희 마음의 완악함 때문에
아내 버림을 허락하였거니와 본래는 그렇지 아니하니라

9 내가 너희에게 말하노니 누구든지 음행한 이유 외에
아내를 버리고 다른 데 장가 드는 자는 간음함이니라

10 제자들이 이르되 만일 사람이 아내에게 이같이 할진대
장가 들지 않는 것이 좋겠나이다

<sup>11</sup>예수께서 이르시되 사람마다 이 말을 받지 못하고
오직 타고난 자라야 할지니라

<sup>12</sup>어머니의 태로부터 된 고자도 있고
사람이 만든 고자도 있고

천국을 위하여 스스로 된 고자도 있도다
이 말을 받을 만한 자는 받을지어다

### 어린 아이들에게 안수하시다

<sup>13</sup>그 때에 사람들이 예수께서 안수하고 기도해 주심을 바라고
어린 아이들을 데리고 오매 제자들이 꾸짖거늘

<sup>14</sup>예수께서 이르시되 어린 아이들을 용납하고
내게 오는 것을 금하지 말라
천국이 이런 사람의 것이니라 하시고

¹⁵그들에게 안수하시고 거기를 떠나시니라

## 재물이 많은 청년

¹⁶어떤 사람이 주께 와서 이르되 선생님이여
내가 무슨 선한 일을 하여야 영생을 얻으리이까

¹⁷예수께서 이르시되 어찌하여 선한 일을 내게 묻느냐
선한 이는 오직 한 분이시니라
네가 생명에 들어 가려면 계명들을 지키라

¹⁸이르되 어느 계명이오니이까 예수께서 이르시되
살인하지 말라, 간음하지 말라,
도둑질하지 말라, 거짓 증언 하지 말라,

¹⁹네 부모를 공경하라,
네 이웃을 네 자신과 같이 사랑하라 하신 것이니라

²⁰그 청년(靑年)이 이르되
이 모든 것을 내가 지키었사온대
아직도 무엇이 부족하니이까

²¹예수께서 이르시되 네가 온전하고자 할진대
가서 네 소유를 팔아 가난한 자들에게 주라

그리하면 하늘에서 보화가 네게 있으리라
그리고 와서 나를 따르라 하시니

²²그 청년이 재물이 많으므로
이 말씀을 듣고 근심하며 가니라

²³예수께서 제자들에게 이르시되
내가 진실로 너희에게 이르노니
부자는 천국에 들어가기가 어려우니라

²⁴다시 너희에게 말하노니 낙타가 바늘귀로 들어가는 것이
부자가 하나님의 나라에 들어가는 것보다 쉬우니라 하시니

²⁵제자들이 듣고 몹시 놀라 이르되
그렇다면 누가 구원을 얻을 수 있으리이까

²⁶예수께서 그들을 보시며 이르시되
사람으로는 할 수 없으나
하나님으로서는 다 하실 수 있느니라

²⁷이에 베드로가 대답하여 이르되
보소서 우리가 모든 것을 버리고 주를 따랐사온대
그런즉 우리가 무엇을 얻으리이까

²⁸예수께서 이르시되 내가 진실로 너희에게 이르노니
세상이 새롭게 되어 인자가 자기 영광의 보좌에 앉을 때에

나를 따르는 너희도 열두 보좌에 앉아
이스라엘 열두 지파를 심판하리라

29 또 내 이름을 위하여 집이나 형제나 자매(姉妹)나
부모나 자식이나 전토를 버린 자마다 여러 배를 받고
또 영생을 상속하리라

30 그러나 먼저 된 자로서 나중 되고
나중 된 자로서 먼저 될 자가 많으니라

## 포도원의 품꾼들

**20** 1 천국은 마치 품꾼을 얻어 포도원에 들여보내려고
이른 아침에 나간 집 주인과 같으니

2 그가 하루 한 데나리온씩 품꾼들과 약속하여
포도원에 들여보내고

3 또 제삼시에 나가 보니
장터에 놀고 서 있는 사람들이 또 있는지라

4 그들에게 이르되 너희도 포도원에 들어가라
내가 너희에게 상당하게 주리라 하니 그들이 가고

5 제육시와 제구시에 또 나가 그와 같이 하고

6 제십일시에도 나가 보니 서 있는 사람들이 또 있는지라
이르되 너희는 어찌하여 종일토록 놀고 여기 서 있느냐

7 이르되 우리를 품꾼으로 쓰는 이가 없음이니이다
이르되 너희도 포도원에 들어가라 하니라

8 저물매 포도원 주인이 청지기에게 이르되
품꾼들을 불러 나중 온 자로부터 시작(始作)하여
먼저 온 자까지 삯을 주라 하니

⁹제십일시에 온 자들이 와서 한 데나리온씩을 받거늘

¹⁰먼저 온 자들이 와서 더 받을 줄 알았더니
그들도 한 데나리온씩 받은지라

¹¹받은 후 집 주인을 원망하여 이르되

¹²나중 온 이 사람들은 한 시간밖에 일하지 아니하였거늘
그들을 종일 수고하며 더위를 견딘 우리와 같게 하였나이다

¹³주인이 그 중의 한 사람에게 대답하여 이르되
친구여 내가 네게 잘못한 것이 없노라
네가 나와 한 데나리온의 약속을 하지 아니하였느냐

¹⁴네 것이나 가지고 가라
나중 온 이 사람에게 너와 같이 주는 것이 내 뜻이니라

¹⁵내 것을 가지고 내 뜻대로 할 것이 아니냐

내가 선(善)하므로 네가 악하게 보느냐

16 이와 같이 나중 된 자로서 먼저 되고
먼저 된 자로서 나중 되리라

## 죽음과 부활을 세 번째로 이르시다

17 예수께서 예루살렘으로 올라가려 하실 때에
열두 제자를 따로 데리시고 길에서 이르시되

18 보라 우리가 예루살렘으로 올라가노니
인자가 대제사장들과 서기관들에게 넘겨지매
그들이 죽이기로 결의하고

19 이방인들에게 넘겨 주어 그를 조롱하며 채찍질하며
십자가에 못 박게 할 것이나 제삼일에 살아나리라

## 한 어머니의 요구

20 그 때에 세베대의 아들의 어머니가
그 아들들을 데리고 예수께 와서 절하며 무엇을 구하니

21 예수께서 이르시되 무엇을 원하느냐
이르되 나의 이 두 아들을 주의 나라에서

하나는 주의 우편에,
하나는 주의 좌편에 앉게 명하소서

22 예수께서 대답하여 이르시되
너희는 너희가 구하는 것을 알지 못하는도다

내가 마시려는 잔을 너희가 마실 수 있느냐
그들이 말하되 할 수 있나이다

23 이르시되 너희가 과연 내 잔을 마시려니와
내 좌우편에 앉는 것은 내가 주는 것이 아니라

내 아버지께서 누구를 위하여 예비하셨든지
그들이 얻을 것이니라

<sup>24</sup>열 제자가 듣고 그 두 형제에 대하여 분히 여기거늘

<sup>25</sup>예수께서 제자들을 불러다가 이르시되
이방인의 집권자들이 그들을 임의로 주관하고
그 고관들이 그들에게 권세를 부리는 줄을 너희가 알거니와

<sup>26</sup>너희 중에는 그렇지 않아야 하나니
너희 중에 누구든지 크고자 하는 자는
너희를 섬기는 자가 되고

<sup>27</sup>너희 중에 누구든지 으뜸이 되고자 하는 자는
너희의 종이 되어야 하리라

<sup>28</sup>인자가 온 것은 섬김을 받으려 함이 아니라

도리어 섬기려 하고 자기 목숨을
많은 사람의 대속물로 주려 함이니라

## 맹인 두 사람을 고치시다

²⁹그들이 여리고에서 떠나 갈 때에
큰 무리가 예수를 따르더라

³⁰맹인 두 사람이 길 가에 앉았다가
예수께서 지나가신다 함을 듣고 소리 질러 이르되
주여 우리를 불쌍히 여기소서 다윗의 자손(子孫)이여 하니

³¹무리가 꾸짖어 잠잠하라 하되 더욱 소리 질러 이르되
주여 우리를 불쌍히 여기소서 다윗의 자손이여 하는지라

³²예수께서 머물러 서서 그들을 불러 이르시되
너희에게 무엇을 하여 주기를 원하느냐

<sup>33</sup>이르되 주여 우리의 눈 뜨기를 원하나이다

<sup>34</sup>예수께서 불쌍히 여기사 그들의 눈을 만지시니
곧 보게 되어 그들이 예수를 따르니라

## 예루살렘에 들어가시다

**21** <sup>1</sup>그들이 예루살렘에 가까이 가서
감람 산 벳바게에 이르렀을 때에
예수께서 두 제자를 보내시며

<sup>2</sup>이르시되 너희는 맞은편 마을로 가라
그리하면 곧 매인 나귀와 나귀 새끼가
함께 있는 것을 보리니 풀어 내게로 끌고 오라

<sup>3</sup>만일 누가 무슨 말을 하거든 주가 쓰시겠다 하라
그리하면 즉시 보내리라 하시니

4 이는 선지자를 통하여 하신 말씀을
이루려 하심이라 일렀으되

5 시온 딸에게 이르기를 네 왕이 네게 임하나니
그는 겸손하여 나귀, 곧 멍에 메는 짐승의 새끼를
탔도다 하라 하였느니라

6 제자들이 가서 예수께서 명하신 대로 하여

7 나귀와 나귀 새끼를 끌고 와서
자기들의 겉옷을 그 위에 얹으매
예수께서 그 위에 타시니

8 무리의 대다수는 그들의 겉옷을 길에 펴고
다른 이들은 나뭇가지를 베어 길에 펴고

9 앞에서 가고 뒤에서 따르는 무리가 소리 높여 이르되

호산나 다윗의 자손이여 찬송(讚頌)하리로다
주의 이름으로 오시는 이여
가장 높은 곳에서 호산나 하더라

<sup>10</sup>예수께서 예루살렘에 들어가시니
온 성이 소동하여 이르되 이는 누구냐 하거늘

<sup>11</sup>무리가 이르되
갈릴리 나사렛에서 나온 선지자 예수라 하니라

## 성전을 깨끗하게 하시다

<sup>12</sup>예수께서 성전에 들어가사
성전 안에서 매매하는 모든 사람들을 내쫓으시며

돈 바꾸는 사람들의 상과
비둘기 파는 사람들의 의자를 둘러 엎으시고

13 그들에게 이르시되 기록된 바
내 집은 기도하는 집이라 일컬음을 받으리라 하였거늘
너희는 강도의 소굴을 만드는도다 하시니라

14 맹인과 저는 자들이 성전에서 예수께 나아오매 고쳐주시니

15 대제사장들과 서기관들이 예수께서 하시는 이상한 일과
또 성전에서 소리 질러 호산나 다윗의 자손이여 하는
어린이들을 보고 노하여

16 예수께 말하되 그들이 하는 말을 듣느냐
예수께서 이르시되 그렇다 어린 아기와 젖먹이들의 입에서

나오는 찬미를 온전(穩全)하게 하셨나이다 함을
너희가 읽어 본 일이 없느냐 하시고

17 그들을 떠나 성 밖으로 베다니에 가서 거기서 유하시니라

## 무화과나무가 마르다

<sup>18</sup>이른 아침에 성으로 들어오실 때에 시장하신지라

<sup>19</sup>길 가에서 한 무화과나무를 보시고 그리로 가사
잎사귀 밖에 아무 것도 찾지 못하시고 나무에게 이르시되

이제부터 영원토록 네가 열매를 맺지 못하리라 하시니
무화과나무가 곧 마른지라

<sup>20</sup>제자들이 보고 이상히 여겨 이르되
무화과나무가 어찌하여 곧 말랐나이까

<sup>21</sup>예수께서 대답하여 이르시되 내가 진실로 너희에게 이르노니
만일 너희가 믿음이 있고 의심하지 아니하면

이 무화과나무에게 된 이런 일만 할 뿐 아니라
이 산더러 들려 바다에 던져지라 하여도 될 것이요

²²너희가 기도할 때에 무엇이든지 믿고 구하는 것은
다 받으리라 하시니라

## 예수의 권위를 두고 말하다

²³예수께서 성전에 들어가 가르치실새
대제사장들과 백성의 장로들이 나아와 이르되

네가 무슨 권위로 이런 일을 하느냐
또 누가 이 권위를 주었느냐

²⁴예수께서 대답하시되
나도 한 말을 너희에게 물으리니 너희가 대답하면
나도 무슨 권위로 이런 일을 하는지 이르리라

²⁵요한의 세례가 어디로부터 왔느냐
하늘로부터냐 사람으로부터냐

그들이 서로 의논하여 이르되 만일 하늘로부터라 하면
어찌하여 그를 믿지 아니하였느냐 할 것이요

26 만일 사람으로부터라 하면
모든 사람이 요한을 선지자로 여기니 백성이 무섭다 하여

27 예수께 대답하여 이르되 우리가 알지 못하노라 하니
예수께서 이르시되 나도 무슨 권위로 이런 일을 하는지
너희에게 이르지 아니하리라

28 그러나 너희 생각에는 어떠하냐
어떤 사람에게 두 아들이 있는데 맏아들에게 가서 이르되
얘 오늘 포도원에 가서 일하라 하니

29 대답하여 이르되 아버지 가겠나이다 하더니 가지 아니하고

30 둘째 아들에게 가서 또 그와 같이 말하니 대답하여 이르되

싫소이다 하였다가 그 후에 뉘우치고 갔으니

31 그 둘 중의 누가 아버지의 뜻대로 하였느냐
이르되 둘째 아들이니이다 예수께서 그들에게 이르시되
내가 진실로 너희에게 이르노니

세리들과 창녀들이 너희보다 먼저
하나님의 나라에 들어가리라

32 요한이 의의 도로 너희에게 왔거늘
너희는 그를 믿지 아니하였으되 세리와 창녀는 믿었으며
너희는 이것을 보고도 끝내 뉘우쳐 믿지 아니하였도다

## 포도원 농부 비유

33 다른 한 비유를 들으라
한 집 주인이 포도원을 만들어 산울타리로 두르고

거기에 즙 짜는 틀을 만들고 망대를 짓고
농부들에게 세로 주고 타국(他國)에 갔더니

34 열매 거둘 때가 가까우매
그 열매를 받으려고 자기 종들을 농부들에게 보내니

35 농부들이 종들을 잡아 하나는 심히 때리고
하나는 죽이고 하나는 돌로 쳤거늘

36 다시 다른 종들을 처음보다 많이 보내니
그들에게도 그렇게 하였는지라

37 후에 자기 아들을 보내며 이르되
그들이 내 아들은 존대하리라 하였더니

38 농부들이 그 아들을 보고 서로 말하되
이는 상속자니 자 죽이고 그의 유산을 차지하자 하고

<sup>39</sup>이에 잡아 포도원 밖에 내쫓아 죽였느니라

<sup>40</sup>그러면 포도원 주인이 올 때에
그 농부들을 어떻게 하겠느냐

<sup>41</sup>그들이 말하되 그 악한 자들을 진멸하고
포도원은 제 때에 열매를 바칠 만한
다른 농부들에게 세로 줄지니이다

<sup>42</sup>예수께서 이르시되 너희가 성경에
건축자들이 버린 돌이 모퉁이의 머릿돌이 되었나니

이것은 주로 말미암아 된 것이요
우리 눈에 기이하도다 함을 읽어 본 일이 없느냐

<sup>43</sup>그러므로 내가 너희에게 이르노니
하나님의 나라를 너희는 빼앗기고

그 나라의 열매 맺는 백성(百姓)이 받으리라

<sup>44</sup>이 돌 위에 떨어지는 자는 깨지겠고
이 돌이 사람 위에 떨어지면
그를 가루로 만들어 흩으리라 하시니

<sup>45</sup>대제사장들과 바리새인들이 예수의 비유를 듣고
자기들을 가리켜 말씀하심인 줄 알고

<sup>46</sup>잡고자 하나 무리를 무서워하니
이는 그들이 예수를 선지자로 앎이었더라

## 혼인 잔치 비유

**22** <sup>1</sup>예수께서 다시 비유로 대답하여 이르시되

<sup>2</sup>천국은 마치 자기 아들을 위하여
혼인 잔치를 베푼 어떤 임금과 같으니

3 그 종들을 보내어 그 청한 사람들을
혼인 잔치에 오라 하였더니 오기를 싫어하거늘

4 다시 다른 종들을 보내며 이르되
청한 사람들에게 이르기를 내가 오찬을 준비하되

나의 소와 살진 짐승을 잡고 모든 것을 갖추었으니
혼인 잔치에 오소서 하라 하였더니

5 그들이 돌아 보지도 않고 한 사람은 자기 밭으로,
한 사람은 자기 사업하러 가고

6 그 남은 자들은 종들을 잡아 모욕하고 죽이니

7 임금이 노하여 군대를 보내어
그 살인한 자들을 진멸하고 그 동네를 불사르고

8 이에 종들에게 이르되 혼인 잔치는 준비되었으나

청한 사람들은 합당하지 아니하니

9 네거리 길에 가서 사람을 만나는 대로
혼인 잔치에 청하여 오라 한대

10 종들이 길에 나가 악한 자나 선한 자나
만나는 대로 모두 데려오니
혼인 잔치에 손님들이 가득한지라

11 임금이 손님들을 보러 들어올새
거기서 예복(禮服)을 입지 않은 한 사람을 보고

12 이르되 친구여 어찌하여 예복을 입지 않고
여기 들어왔느냐 하니 그가 아무 말도 못하거늘

13 임금이 사환들에게 말하되
그 손발을 묶어 바깥 어두운 데에 내던지라

거기서 슬피 울며 이를 갈게 되리라 하니라

<sup>14</sup>청함을 받은 자는 많되 택함을 입은 자는 적으니라

## 가이사에게 세금을 바치는 것

<sup>15</sup>이에 바리새인들이 가서 어떻게 하면
예수를 말의 올무에 걸리게 할까 상의하고

<sup>16</sup>자기 제자들을 헤롯 당원들과 함께 예수께 보내어
말하되 선생님이여 우리가 아노니

당신은 참되시고 진리로 하나님의 도를 가르치시며
아무도 꺼리는 일이 없으시니
이는 사람을 외모로 보지 아니하심이니이다

<sup>17</sup>그러면 당신의 생각에는 어떠한지 우리에게 이르소서
가이사에게 세금을 바치는 것이 옳으니이까

옳지 아니하니이까 하니

18 예수께서 그들의 악함을 아시고 이르시되
외식하는 자들아 어찌하여 나를 시험하느냐

19 세금 낼 돈을 내게 보이라 하시니
데나리온 하나를 가져왔거늘

20 예수께서 말씀하시되 이 형상과 이 글이 누구의 것이냐

21 이르되 가이사의 것이니이다
이에 이르시되 그런즉 가이사의 것은 가이사에게,
하나님의 것은 하나님께 바치라 하시니

22 그들이 이 말씀을 듣고 놀랍게 여겨 예수를 떠나가니라

### 부활 논쟁
23 부활(復活)이 없다 하는 사두개인들이

그 날 예수께 와서 물어 이르되

24선생님이여 모세가 일렀으되
사람이 만일 자식이 없이 죽으면

그 동생이 그 아내에게 장가 들어
형을 위하여 상속자를 세울지니라 하였나이다

25우리 중에 칠 형제가 있었는데
맏이가 장가 들었다가 죽어 상속자가 없으므로
그 아내를 그 동생에게 물려 주고

26그 둘째와 셋째로 일곱째까지 그렇게 하다가

27최후에 그 여자도 죽었나이다

28그런즉 그들이 다 그를 취하였으니
부활 때에 일곱 중의 누구의 아내가 되리이까

²⁹예수께서 대답하여 이르시되 너희가 성경(聖經)도,
하나님의 능력도 알지 못하는 고로 오해하였도다

³⁰부활 때에는 장가도 아니 가고 시집도 아니 가고
하늘에 있는 천사들과 같으니라

³¹죽은 자의 부활을 논할진대
하나님이 너희에게 말씀하신 바

³²나는 아브라함의 하나님이요 이삭의 하나님이요
야곱의 하나님이로라 하신 것을 읽어 보지 못하였느냐

하나님은 죽은 자의 하나님이 아니요
살아 있는 자의 하나님이시니라 하시니

³³무리가 듣고 그의 가르치심에 놀라더라

가장 큰 계명

34 예수께서 사두개인들로 대답할 수 없게 하셨다 함을
바리새인들이 듣고 모였는데

35 그 중의 한 율법사가 예수를 시험하여 묻되

36 선생님 율법 중에서 어느 계명이 크니이까

37 예수께서 이르시되
네 마음을 다하고 목숨을 다하고 뜻을 다하여
주 너의 하나님을 사랑하라 하셨으니

38 이것이 크고 첫째 되는 계명이요

39 둘째도 그와 같으니
네 이웃을 네 자신 같이 사랑하라 하셨으니

40 이 두 계명이 온 율법과 선지자의 강령이니라

그리스도와 다윗의 자손

41 바리새인들이 모였을 때에 예수께서 그들에게 물으시되

42 너희는 그리스도에 대하여 어떻게 생각하느냐
누구의 자손이냐 대답하되 다윗의 자손이니이다

43 이르시되 그러면 다윗이 성령에 감동되어
어찌 그리스도를 주(主)라 칭하여 말하되

44 주께서 내 주께 이르시되
내가 네 원수를 네 발 아래에 둘 때까지
내 우편에 앉아 있으라 하셨도다 하였느냐

45 다윗이 그리스도를 주라 칭하였은즉
어찌 그의 자손이 되겠느냐 하시니

46 한 마디도 능히 대답하는 자가 없고
그 날부터 감히 그에게 묻는 자도 없더라

서기관들과 바리새인들을 꾸짖으시다

**23** <sup>1</sup> 이에 예수께서 무리와 제자들에게
말씀하여 이르시되

<sup>2</sup> 서기관들과 바리새인들이 모세의 자리에 앉았으니

<sup>3</sup> 그러므로 무엇이든지 그들이 말하는 바는 행하고 지키되
그들이 하는 행위는 본받지 말라
그들은 말만 하고 행하지 아니하며

<sup>4</sup> 또 무거운 짐을 묶어 사람의 어깨에 지우되
자기는 이것을 한 손가락으로도 움직이려 하지 아니하며

<sup>5</sup> 그들의 모든 행위를 사람에게 보이고자 하나니
곧 그 경문 띠를 넓게 하며 옷술을 길게 하고

<sup>6</sup> 잔치의 윗자리와 회당의 높은 자리와

7 시장에서 문안 받는 것과
사람에게 랍비라 칭함을 받는 것을 좋아하느니라

8 그러나 너희는 랍비라 칭함을 받지 말라
너희 선생은 하나요 너희는 다 형제니라

9 땅에 있는 자를 아버지라 하지 말라
너희의 아버지는 한 분이시니 곧 하늘에 계신 이시니라

10 또한 지도자(指導者)라 칭함을 받지 말라
너희의 지도자는 한 분이시니 곧 그리스도시니라

11 너희 중에 큰 자는 너희를 섬기는 자가 되어야 하리라

12 누구든지 자기를 높이는 자는 낮아지고
누구든지 자기를 낮추는 자는 높아지리라

13 화 있을진저 외식하는 서기관들과 바리새인들이여

너희는 천국 문을 사람들 앞에서 닫고
너희도 들어가지 않고
들어가려 하는 자도 들어가지 못하게 하는도다

¹⁴(없음)

¹⁵화 있을진저 외식하는 서기관들과 바리새인들이여
너희는 교인(敎人) 한 사람을 얻기 위하여

바다와 육지를 두루 다니다가 생기면
너희보다 배나 더 지옥 자식이 되게 하는도다

¹⁶화 있을진저 눈 먼 인도자여 너희가 말하되
누구든지 성전으로 맹세하면 아무 일 없거니와
성전의 금으로 맹세하면 지킬지라 하는도다

¹⁷어리석은 맹인들이여 어느 것이 크냐

그 금이냐 그 금을 거룩하게 하는 성전이냐

<sup>18</sup>너희가 또 이르되
누구든지 제단으로 맹세하면 아무 일 없거니와
그 위에 있는 예물로 맹세하면 지킬지라 하는도다

<sup>19</sup>맹인들이여 어느 것이 크냐
그 예물이냐 그 예물을 거룩하게 하는 제단이냐

<sup>20</sup>그러므로 제단으로 맹세하는 자는
제단과 그 위에 있는 모든 것으로 맹세함이요

<sup>21</sup>또 성전으로 맹세하는 자는
성전과 그 안에 계신 이로 맹세함이요

<sup>22</sup>또 하늘로 맹세하는 자는
하나님의 보좌와 그 위에 앉으신 이로 맹세함이니라

<sup>23</sup>화 있을진저 외식하는 서기관들과 바리새인들이여
너희가 박하와 회향과 근채의 십일조는 드리되

율법의 더 중한 바 정의(正義)와 긍휼과 믿음은 버렸도다
그러나 이것도 행하고 저것도 버리지 말아야 할지니라

<sup>24</sup>맹인 된 인도자여
하루살이는 걸러 내고 낙타는 삼키는도다

<sup>25</sup>화 있을진저 외식하는 서기관들과 바리새인들이여
잔과 대접의 겉은 깨끗이 하되
그 안에는 탐욕과 방탕으로 가득하게 하는도다

<sup>26</sup>눈 먼 바리새인이여 너는 먼저 안을 깨끗이 하라
그리하면 겉도 깨끗하리라

<sup>27</sup>화 있을진저 외식하는 서기관들과 바리새인들이여

회칠한 무덤 같으니 겉으로는 아름답게 보이나
그 안에는 죽은 사람의 뼈와 모든 더러운 것이 가득하도다

28 이와 같이 너희도 겉으로는 사람에게 옳게 보이되
안으로는 외식과 불법이 가득하도다

29 화 있을진저 외식하는 서기관들과 바리새인들이여
너희는 선지자들의 무덤을 만들고
의인들의 비석을 꾸미며 이르되

30 만일 우리가 조상 때에 있었더라면
우리는 그들이 선지자의 피를 흘리는 데
참여하지 아니하였으리라 하니

31 그러면 너희가 선지자를 죽인 자의 자손임을
스스로 증명함이로다

<sup>32</sup> 너희가 너희 조상의 분량을 채우라

<sup>33</sup> 뱀들아 독사의 새끼들아
너희가 어떻게 지옥의 판결을 피하겠느냐

<sup>34</sup> 그러므로 내가 너희에게 선지자들과
지혜 있는 자들과 서기관들을 보내매

너희가 그 중에서 더러는 죽이거나 십자가에 못 박고
그 중에서 더러는 너희 회당에서 채찍질하고
이 동네에서 저 동네로 따라다니며 박해하리라

<sup>35</sup> 그러므로 의인 아벨의 피로부터 성전과 제단 사이에서
너희가 죽인 바라갸의 아들 사가랴의 피까지
땅 위에서 흘린 의로운 피가 다 너희에게 돌아가리라

<sup>36</sup> 내가 진실로 너희에게 이르노니

이것이 다 이 세대에 돌아가리라

<br>

## 예루살렘을 두고 이르시다

37 예루살렘아 예루살렘아
선지자들을 죽이고 네게 파송된 자들을 돌로 치는 자여

암탉이 그 새끼를 날개 아래에 모음 같이
내가 네 자녀를 모으려 한 일이 몇 번이더냐
그러나 너희가 원하지 아니하였도다

38 보라 너희 집이 황폐하여 버려진 바 되리라

39 내가 너희에게 이르노니
이제부터 너희는 찬송하리로다

주의 이름으로 오시는 이여 할 때까지
나를 보지 못하리라 하시니라

## 성전이 무너뜨려질 것을 예언하시다

**24** ¹ 예수께서 성전에서 나와서 가실 때에
제자들이 성전 건물들을 가리켜 보이려고 나아오니

² 대답하여 이르시되 너희가 이 모든 것을 보지 못하느냐
내가 진실로 너희에게 이르노니
돌 하나도 돌 위에 남지 않고 다 무너뜨려지리라

## 재난의 징조

³ 예수께서 감람 산 위에 앉으셨을 때에
제자들이 조용히 와서 이르되 우리에게 이르소서

어느 때에 이런 일이 있겠사오며
또 주의 임하심과 세상 끝에는 무슨 징조가 있사오리이까

⁴ 예수께서 대답하여 이르시되

너희가 사람의 미혹을 받지 않도록 주의하라

5 많은 사람이 내 이름으로 와서 이르되
나는 그리스도라 하여 많은 사람을 미혹하리라

6 난리와 난리 소문을 듣겠으나 너희는 삼가 두려워하지 말라
이런 일이 있어야 하되 아직 끝은 아니니라

7 민족이 민족을, 나라가 나라를 대적하여 일어나겠고
곳곳에 기근과 지진이 있으리니

8 이 모든 것은 재난의 시작이니라

9 그 때에 사람들이 너희를 환난에 넘겨 주겠으며
너희를 죽이리니 너희가 내 이름 때문에
모든 민족에게 미움을 받으리라

10 그 때에 많은 사람이 실족하게 되어

서로 잡아 주고 서로 미워하겠으며

<sup>11</sup>거짓 선지자가 많이 일어나 많은 사람을 미혹하겠으며

<sup>12</sup>불법이 성하므로 많은 사람의 사랑이 식어지리라

<sup>13</sup>그러나 끝까지 견디는 자는 구원을 얻으리라

<sup>14</sup>이 천국 복음이 모든 민족에게 증언되기 위하여
온 세상에 전파되리니 그제야 끝이 오리라

## 가장 큰 환난

<sup>15</sup>그러므로 너희가 선지자 다니엘이 말한 바
멸망의 가증한 것이 거룩한 곳에 선 것을 보거든
(읽는 자는 깨달을진저)

<sup>16</sup>그 때에 유대에 있는 자들은 산으로 도망할지어다

<sup>17</sup>지붕 위에 있는 자는 집 안에 있는 물건(物件)을

가지러 내려 가지 말며

¹⁸밭에 있는 자는 겉옷을 가지러 뒤로 돌이키지 말지어다

¹⁹그 날에는 아이 밴 자들과 젖 먹이는 자들에게
화가 있으리로다

²⁰너희가 도망하는 일이
겨울에나 안식일에 되지 않도록 기도하라

²¹이는 그 때에 큰 환난이 있겠음이라
창세로부터 지금까지 이런 환난이 없었고 후에도 없으리라

²²그 날들을 감하지 아니하면
모든 육체(肉體)가 구원을 얻지 못할 것이나
그러나 택하신 자들을 위하여 그 날들을 감하시리라

²³그 때에 사람이 너희에게 말하되 보라

그리스도가 여기 있다 혹은 저기 있다 하여도 믿지 말라

<sup>24</sup>거짓 그리스도들과 거짓 선지자들이 일어나
큰 표적과 기사를 보여 할 수만 있으면
택하신 자들도 미혹하리라

<sup>25</sup>보라 내가 너희에게 미리 말하였노라

<sup>26</sup>그러면 사람들이 너희에게 말하되
보라 그리스도가 광야에 있다 하여도 나가지 말고
보라 골방에 있다 하여도 믿지 말라

<sup>27</sup>번개가 동편에서 나서 서편까지 번쩍임 같이
인자의 임함도 그러하리라

<sup>28</sup>주검이 있는 곳에는 독수리들이 모일 것이니라

인자가 오는 것을 보리라

²⁹그 날 환난 후에 즉시 해가 어두워지며
달이 빛을 내지 아니하며 별들이 하늘에서 떨어지며
하늘의 권능들이 흔들리리라

³⁰그 때에 인자의 징조가 하늘에서 보이겠고
그 때에 땅의 모든 족속들이 통곡하며

그들이 인자가 구름을 타고
능력과 큰 영광으로 오는 것을 보리라

³¹그가 큰 나팔소리와 함께 천사들을 보내리니
그들이 그의 택하신 자들을 하늘 이 끝에서 저 끝까지
사방에서 모으리라

**무화과나무에서 배울 교훈**

³²무화과나무의 비유를 배우라

그 가지가 연하여지고 잎사귀를 내면
여름이 가까운 줄을 아나니

<sup>33</sup> 이와 같이 너희도 이 모든 일을 보거든
인자가 가까이 곧 문 앞에 이른 줄 알라

<sup>34</sup> 내가 진실(眞實)로 너희에게 말하노니
이 세대가 지나가기 전에 이 일이 다 일어나리라

<sup>35</sup> 천지는 없어질지언정 내 말은 없어지지 아니하리라

<sup>36</sup> 그러나 그 날과 그 때는 아무도 모르나니
하늘의 천사들도, 아들도 모르고 오직 아버지만 아시느니라

<sup>37</sup> 노아의 때와 같이 인자의 임함도 그러하리라

<sup>38</sup> 홍수 전에 노아가 방주에 들어가던 날까지
사람들이 먹고 마시고 장가 들고 시집 가고 있으면서

39 홍수가 나서 그들을 다 멸하기까지 깨닫지 못하였으니
인자의 임함도 이와 같으리라

40 그 때에 두 사람이 밭에 있으매
한 사람은 데려가고 한 사람은 버려둠을 당할 것이요

41 두 여자가 맷돌질을 하고 있으매
한 사람은 데려가고 한 사람은 버려둠을 당할 것이니라

42 그러므로 깨어 있으라
어느 날에 너희 주가 임할는지 너희가 알지 못함이니라

43 너희도 아는 바니 만일 집 주인이
도둑이 어느 시각에 올 줄을 알았더라면
깨어 있어 그 집을 뚫지 못하게 하였으리라

44 이러므로 너희도 준비하고 있으라

생각하지 않은 때에 인자가 오리라

⁴⁵충성되고 지혜 있는 종이 되어
주인에게 그 집 사람들을 맡아
때를 따라 양식을 나눠 줄 자가 누구냐

⁴⁶주인이 올 때에 그 종이 이렇게 하는 것을 보면
그 종이 복이 있으리로다

⁴⁷내가 진실로 너희에게 이르노니
주인(主人)이 그의 모든 소유를 그에게 맡기리라

⁴⁸만일 그 악한 종이 마음에 생각하기를
주인이 더디 오리라 하여

⁴⁹동료들을 때리며 술친구들과 더불어 먹고 마시게 되면

⁵⁰생각하지 않은 날 알지 못하는 시각에

그 종의 주인이 이르러

<sup>51</sup> 엄히 때리고 외식하는 자가 받는 벌에 처하리니
거기서 슬피 울며 이를 갈리라

## 열 처녀 비유

**25** <sup>1</sup> 그 때에 천국은 마치 등을 들고
신랑을 맞으러 나간 열 처녀와 같다 하리니

<sup>2</sup> 그 중의 다섯은 미련하고 다섯은 슬기 있는 자라

<sup>3</sup> 미련한 자들은 등을 가지되 기름을 가지지 아니하고

<sup>4</sup> 슬기 있는 자들은 그릇에 기름을 담아
등과 함께 가져갔더니

<sup>5</sup> 신랑이 더디 오므로 다 졸며 잘새

<sup>6</sup> 밤중에 소리가 나되

보라 신랑이로다 맞으러 나오라 하매

7 이에 그 처녀들이 다 일어나 등을 준비할새

8 미련한 자들이 슬기 있는 자들에게 이르되
우리 등불이 꺼져가니 너희 기름을 좀 나눠 달라 하거늘

9 슬기 있는 자들이 대답하여 이르되
우리와 너희가 쓰기에 다 부족할까 하노니
차라리 파는 자들에게 가서 너희 쓸 것을 사라 하니

10 그들이 사러 간 사이에 신랑이 오므로
준비하였던 자들은 함께 혼인 잔치에 들어가고
문은 닫힌지라

11 그 후에 남은 처녀들이 와서 이르되
주여 주여 우리에게 열어 주소서

12 대답하여 이르되 진실로 너희에게 이르노니
내가 너희를 알지 못하노라 하였느니라

13 그런즉 깨어 있으라
너희는 그 날과 그 때를 알지 못하느니라

**달란트 비유**

14 또 어떤 사람이 타국에 갈 때
그 종들을 불러 자기 소유를 맡김과 같으니

15 각각 그 재능(才能)대로
한 사람에게는 금 다섯 달란트를,

한 사람에게는 두 달란트를,
한 사람에게는 한 달란트를 주고 떠났더니

16 다섯 달란트 받은 자는 바로 가서

그것으로 장사하여 또 다섯 달란트를 남기고

<sup>17</sup>두 달란트 받은 자도 그같이 하여
또 두 달란트를 남겼으되

<sup>18</sup>한 달란트 받은 자는 가서
땅을 파고 그 주인의 돈을 감추어 두었더니

<sup>19</sup>오랜 후에 그 종들의 주인이 돌아와
그들과 결산(決算)할새

<sup>20</sup>다섯 달란트 받았던 자는
다섯 달란트를 더 가지고 와서 이르되

주인이여 내게 다섯 달란트를 주셨는데
보소서 내가 또 다섯 달란트를 남겼나이다

<sup>21</sup>그 주인이 이르되 잘하였도다 착하고 충성된 종아

네가 적은 일에 충성하였으매
내가 많은 것을 네게 맡기리니
네 주인의 즐거움에 참여할지어다 하고

22 두 달란트 받았던 자도 와서 이르되
주인이여 내게 두 달란트를 주셨는데
보소서 내가 또 두 달란트를 남겼나이다

23 그 주인이 이르되 잘하였도다 착하고 충성(忠誠)된 종아
네가 적은 일에 충성하였으매 내가 많은 것을 네게 맡기리니
네 주인의 즐거움에 참여할지어다 하고

24 한 달란트 받았던 자는 와서 이르되
주인이여 당신은 굳은 사람이라 심지 않은 데서 거두고
헤치지 않은 데서 모으는 줄을 내가 알았으므로

²⁵두려워하여 나가서
당신의 달란트를 땅에 감추어 두었었나이다
보소서 당신의 것을 가지셨나이다

²⁶그 주인이 대답하여 이르되
악하고 게으른 종아 나는 심지 않은 데서 거두고
헤치지 않은 데서 모으는 줄로 네가 알았느냐

²⁷그러면 네가 마땅히 내 돈을 취리하는 자들에게나 맡겼다가
내가 돌아와서 내 원금과 이자를 받게 하였을 것이니라 하고

²⁸그에게서 그 한 달란트를 빼앗아
열 달란트 가진 자에게 주라

²⁹무릇 있는 자는 받아 풍족하게 되고
없는 자는 그 있는 것까지 빼앗기리라

30 이 무익한 종을 바깥 어두운 데로 내쫓으라
거기서 슬피 울며 이를 갈리라 하니라

## 인자가 모든 천사와 함께 올 때

31 인자가 자기 영광으로 모든 천사와 함께 올 때에
자기 영광의 보좌에 앉으리니

32 모든 민족을 그 앞에 모으고 각각 구분하기를
목자가 양(羊)과 염소를 구분하는 것 같이 하여

33 양은 그 오른편에 염소는 왼편에 두리라

34 그 때에 임금이 그 오른편에 있는 자들에게 이르시되
내 아버지께 복 받을 자들이여

나아와 창세로부터 너희를 위하여
예비된 나라를 상속받으라

<sup>35</sup>내가 주릴 때에 너희가 먹을 것을 주었고
목마를 때에 마시게 하였고
나그네 되었을 때에 영접하였고

<sup>36</sup>헐벗었을 때에 옷을 입혔고
병들었을 때에 돌보았고
옥에 갇혔을 때에 와서 보았느니라

<sup>37</sup>이에 의인들이 대답하여 이르되 주여 우리가 어느 때에
주께서 주리신 것을 보고 음식을 대접하였으며
목마르신 것을 보고 마시게 하였나이까

<sup>38</sup>어느 때에 나그네 되신 것을 보고 영접하였으며
헐벗으신 것을 보고 옷 입혔나이까

<sup>39</sup>어느 때에 병드신 것이나 옥에 갇히신 것을 보고

가서 뵈었나이까 하리니

40임금이 대답하여 이르시되 내가 진실로 너희에게 이르노니
너희가 여기 내 형제 중에 지극히 작은 자 하나에게 한 것이
곧 내게 한 것이니라 하시고

41또 왼편에 있는 자들에게 이르시되 저주를 받은 자들아
나를 떠나 마귀와 그 사자들을 위하여 예비된
영원한 불에 들어가라

42내가 주릴 때에 너희가 먹을 것을 주지 아니하였고
목마를 때에 마시게 하지 아니하였고

43나그네 되었을 때에 영접하지 아니하였고
헐벗었을 때에 옷 입히지 아니하였고
병들었을 때와 옥에 갇혔을 때에

돌보지 아니하였느니라 하시니

<sup>44</sup>그들도 대답하여 이르되 주여
우리가 어느 때에 주께서 주리신 것이나 목마르신 것이나

나그네 되신 것이나 헐벗으신 것이나 병드신 것이나
옥에 갇히신 것을 보고 공양하지 아니하더이까

<sup>45</sup>이에 임금이 대답하여 이르시되
내가 진실로 너희에게 이르노니

이 지극히 작은 자 하나에게 하지 아니한 것이
곧 내게 하지 아니한 것이니라 하시리니

<sup>46</sup>그들은 영벌에, 의인들은 영생에 들어가리라 하시니라

예수를 죽이려고 의논하다

# 26 <sup>1</sup>예수께서 이 말씀을 다 마치시고

제자들에게 이르시되

2 너희가 아는 바와 같이 이틀이 지나면 유월절이라
인자가 십자가에 못 박히기 위하여 팔리리라 하시더라

3 그 때에 대제사장들과 백성(百姓)의 장로들이
가야바라 하는 대제사장의 관정에 모여

4 예수를 흉계로 잡아 죽이려고 의논하되

5 말하기를 민란이 날까 하노니
명절에는 하지 말자 하더라

**예수의 머리에 향유를 붓다**

6 예수께서 베다니 나병환자 시몬의 집에 계실 때에

7 한 여자가 매우 귀한 향유 한 옥합을 가지고 나아와서
식사(食事)하시는 예수의 머리에 부으니

⁸제자들이 보고 분개하여 이르되
무슨 의도로 이것을 허비하느냐

⁹이것을 비싼 값에 팔아
가난한 자들에게 줄 수 있었겠도다 하거늘

¹⁰예수께서 아시고 그들에게 이르시되
너희가 어찌하여 이 여자를 괴롭게 하느냐
그가 내게 좋은 일을 하였느니라

¹¹가난한 자들은 항상 너희와 함께 있거니와
나는 항상 함께 있지 아니하리라

¹²이 여자가 내 몸에 이 향유를 부은 것은
내 장례를 위하여 함이니라

¹³내가 진실로 너희에게 이르노니

온 천하에 어디서든지 이 복음이 전파되는 곳에서는
이 여자가 행한 일도 말하여 그를 기억하리라 하시니라

## 유다가 배반하다

14 그 때에 열둘 중의 하나인 가룟 유다라 하는 자가
대제사장들에게 가서 말하되

15 내가 예수를 너희에게 넘겨 주리니 얼마나 주려느냐 하니
그들이 은 삼십을 달아 주거늘

16 그가 그 때부터 예수를 넘겨 줄 기회를 찾더라

## 마지막 만찬

17 무교절의 첫날에 제자들이 예수께 나아와서 이르되
유월절 음식 잡수실 것을
우리가 어디서 준비하기를 원하시나이까

<sup>18</sup>이르시되 성안 아무에게 가서 이르되
선생님 말씀이 내 때가 가까이 왔으니 내 제자들과 함께
유월절을 네 집에서 지키겠다 하시더라 하라 하시니

<sup>19</sup>제자들이 예수께서 시키신 대로 하여
유월절을 준비하였더라

<sup>20</sup>저물 때에 예수께서 열두 제자와 함께 앉으셨더니

<sup>21</sup>그들이 먹을 때에 이르시되
내가 진실로 너희에게 이르노니
너희 중의 한 사람이 나를 팔리라 하시니

<sup>22</sup>그들이 몹시 근심하여 각각 여짜오되
주여 나는 아니지요

<sup>23</sup>대답하여 이르시되

나와 함께 그릇에 손을 넣는 그가 나를 팔리라

24 인자는 자기에 대하여 기록된 대로 가거니와
인자를 파는 그 사람에게는 화가 있으리로다

그 사람은 차라리 태어나지 아니하였더라면
제게 좋을 뻔하였느니라

25 예수를 파는 유다가 대답하여 이르되
랍비여 나는 아니지요
대답하시되 네가 말하였도다 하시니라

26 그들이 먹을 때에 예수께서 떡을 가지사
축복(祝福)하시고 떼어 제자들에게 주시며 이르시되
받아서 먹으라 이것은 내 몸이니라 하시고

27 또 잔을 가지사 감사 기도 하시고

그들에게 주시며 이르시되 너희가 다 이것을 마시라

28 이것은 죄 사함을 얻게 하려고
많은 사람을 위하여 흘리는 바
나의 피 곧 언약의 피니라

29 그러나 너희에게 이르노니
내가 포도나무에서 난 것을 이제부터

내 아버지의 나라에서 새것으로
너희와 함께 마시는 날까지 마시지 아니하리라 하시니라

30 이에 그들이 찬미하고 감람 산으로 나아가니라

## 베드로가 부인할 것을 예언하시다

31 그 때에 예수께서 제자들에게 이르시되
오늘 밤에 너희가 다 나를 버리리라

기록된 바 내가 목자를 치리니
양의 떼가 흩어지리라 하였느니라

<sup>32</sup>그러나 내가 살아난 후에
너희보다 먼저 갈릴리로 가리라

<sup>33</sup>베드로가 대답하여 이르되
모두 주를 버릴지라도 나는 결코 버리지 않겠나이다

<sup>34</sup>예수께서 이르시되 내가 진실로 네게 이르노니
오늘 밤 닭 울기 전에 네가 세 번 나를 부인하리라

<sup>35</sup>베드로가 이르되 내가 주와 함께 죽을지언정
주를 부인하지 않겠나이다 하고
모든 제자도 그와 같이 말하니라

겟세마네에서 기도하시다

36 이에 예수께서 제자들과 함께
겟세마네라 하는 곳에 이르러 제자들에게 이르시되

내가 저기 가서 기도할 동안에
너희는 여기 앉아 있으라 하시고

37 베드로와 세베대의 두 아들을 데리고 가실새
고민하고 슬퍼하사

38 이에 말씀하시되 내 마음이 매우 고민하여 죽게 되었으니
너희는 여기 머물러 나와 함께 깨어 있으라 하시고

39 조금 나아가사 얼굴을 땅에 대시고 엎드려
기도하여 이르시되 내 아버지여 만일 할 만하시거든

이 잔을 내게서 지나가게 하옵소서
그러나 나의 원대로 마시옵고

아버지의 원대로 하옵소서 하시고

40 제자들에게 오사 그 자는 것을 보시고
베드로에게 말씀하시되 너희가 나와 함께
한 시간도 이렇게 깨어 있을 수 없더냐

41 시험에 들지 않게 깨어 기도하라
마음에는 원이로되 육신이 약하도다 하시고

42 다시 두 번째 나아가 기도하여 이르시되
내 아버지여 만일 내가 마시지 않고는

이 잔이 내게서 지나갈 수 없거든
아버지의 원대로 되기를 원하나이다 하시고

43 다시 오사 보신즉 그들이 자니
이는 그들의 눈이 피곤함일러라

<sup>44</sup>또 그들을 두시고 나아가
세 번째 같은 말씀으로 기도하신 후

<sup>45</sup>이에 제자들에게 오사 이르시되 이제는 자고 쉬라
보라 때가 가까이 왔으니 인자가 죄인의 손에 팔리느니라

<sup>46</sup>일어나라 함께 가자
보라 나를 파는 자가 가까이 왔느니라

잡히시다

<sup>47</sup>말씀하실 때에 열둘 중의 하나인 유다가 왔는데
대제사장들과 백성의 장로들에게서 파송된 큰 무리가
칼과 몽치를 가지고 그와 함께 하였더라

<sup>48</sup>예수를 파는 자가 그들에게 군호를 짜 이르되
내가 입맞추는 자가 그이니 그를 잡으라 한지라

⁴⁹곧 예수께 나아와 랍비여 안녕하시옵니까 하고
입을 맞추니

⁵⁰예수께서 이르시되
친구여 네가 무엇을 하려고 왔는지 행하라 하신대
이에 그들이 나아와 예수께 손을 대어 잡는지라

⁵¹예수와 함께 있던 자 중의 하나가 손을 펴 칼을 빼어
대제사장의 종을 쳐 그 귀를 떨어뜨리니

⁵²이에 예수께서 이르시되 네 칼을 도로 칼집에 꽂으라
칼을 가지는 자는 다 칼로 망하느니라

⁵³너는 내가 내 아버지께 구하여
지금 열두 군단 더 되는 천사를 보내시게
할 수 없는 줄로 아느냐

⁵⁴내가 만일 그렇게 하면 이런 일이 있으리라 한 성경이
어떻게 이루어지겠느냐 하시더라

⁵⁵그 때에 예수께서 무리에게 말씀하시되
너희가 강도를 잡는 것 같이

칼과 몽치를 가지고 나를 잡으러 나왔느냐
내가 날마다 성전에 앉아 가르쳤으되
너희가 나를 잡지 아니하였도다

⁵⁶그러나 이렇게 된 것은
다 선지자들의 글을 이루려 함이니라 하시더라
이에 제자들이 다 예수를 버리고 도망하니라

### 공회 앞에 서시다

⁵⁷예수를 잡은 자들이 그를 끌고

대제사장 가야바에게로 가니
거기 서기관과 장로들이 모여 있더라

58 베드로가 멀찍이 예수를 따라
대제사장의 집 뜰에까지 가서 그 결말을 보려고
안에 들어가 하인들과 함께 앉아 있더라

59 대제사장들과 온 공회가 예수를 죽이려고
그를 칠 거짓 증거를 찾으매

60 거짓 증인이 많이 왔으나 얻지 못하더니
후에 두 사람이 와서

61 이르되 이 사람의 말이 내가 하나님의 성전을 헐고
사흘 동안에 지을 수 있다 하더라 하니

62 대제사장이 일어서서 예수께 묻되 아무 대답도 없느냐

이 사람들이 너를 치는 증거가 어떠하냐 하되

63 예수께서 침묵하시거늘 대제사장이 이르되
내가 너로 살아 계신 하나님께 맹세하게 하노니
네가 하나님의 아들 그리스도인지 우리에게 말하라

64 예수께서 이르시되 네가 말하였느니라
그러나 내가 너희에게 이르노니

이 후에 인자가 권능의 우편에 앉아 있는 것과
하늘 구름을 타고 오는 것을 너희가 보리라 하시니

65 이에 대제사장이 자기 옷을 찢으며 이르되
그가 신성모독 하는 말을 하였으니

어찌 더 증인을 요구하리요
보라 너희가 지금 이 신성모독 하는 말을 들었도다

66 너희 생각은 어떠하냐
대답하여 이르되 그는 사형에 해당하니라 하고

67 이에 예수의 얼굴에 침 뱉으며 주먹으로 치고
어떤 사람은 손바닥으로 때리며

68 이르되 그리스도야 우리에게 선지자 노릇을 하라
너를 친 자가 누구냐 하더라

**베드로가 예수를 알지 못한다고 하다**

69 베드로가 바깥 뜰에 앉았더니 한 여종이 나아와 이르되
너도 갈릴리 사람 예수와 함께 있었도다 하거늘

70 베드로가 모든 사람 앞에서 부인하여 이르되
나는 네가 무슨 말을 하는지 알지 못하겠노라 하며

71 앞문까지 나아가니 다른 여종이 그를 보고

거기 있는 사람들에게 말하되
이 사람은 나사렛 예수와 함께 있었도다 하매

72 베드로가 맹세하고 또 부인하여 이르되
나는 그 사람을 알지 못하노라 하더라

73 조금 후에 곁에 섰던 사람들이 나아와
베드로에게 이르되 너도 진실로 그 도당이라
네 말소리가 너를 표명한다 하거늘

74 그가 저주하며 맹세하여 이르되
나는 그 사람을 알지 못하노라 하니 곧 닭이 울더라

75 이에 베드로가 예수의 말씀에 닭 울기 전에
네가 세 번 나를 부인(否認)하리라 하심이 생각나서
밖에 나가서 심히 통곡하니라

예수를 빌라도에게 넘기다

## 27
[1] 새벽에 모든 대제사장과 백성의 장로들이
예수를 죽이려고 함께 의논하고

[2] 결박하여 끌고 가서 총독 빌라도에게 넘겨 주니라

유다가 목매어 죽다

[3] 그 때에 예수를 판 유다가 그의 정죄됨을 보고
스스로 뉘우쳐 그 은 삼십을
대제사장들과 장로들에게 도로 갖다 주며

[4] 이르되 내가 무죄한 피를 팔고 죄를 범하였도다 하니
그들이 이르되 그것이 우리에게 무슨 상관이냐
네가 당하라 하거늘

[5] 유다가 은을 성소(聖所)에 던져 넣고 물러가서

스스로 목매어 죽은지라

6 대제사장들이 그 은을 거두며 이르되
이것은 핏값이라 성전고에 넣어 둠이 옳지 않다 하고

7 의논한 후 이것으로 토기장이의 밭을 사서
나그네의 묘지를 삼았으니

8 그러므로 오늘날까지 그 밭을 피밭이라 일컫느니라

9 이에 선지자 예레미야를 통하여 하신 말씀이 이루어졌나니
일렀으되 그들이 그 가격 매겨진 자

곧 이스라엘 자손 중에서 가격 매긴 자의 가격
곧 은 삼십을 가지고

10 토기장이의 밭 값으로 주었으니
이는 주께서 내게 명하신 바와 같으니라 하였더라

**십자가에 못 박히게 예수를 넘기다**

¹¹예수께서 총독 앞에 섰으매
총독이 물어 이르되 네가 유대인의 왕이냐
예수께서 대답하시되 네 말이 옳도다 하시고

¹²대제사장들과 장로(長老)들에게 고발을 당하되
아무 대답도 아니하시는지라

¹³이에 빌라도가 이르되 그들이 너를 쳐서
얼마나 많은 것으로 증언하는지 듣지 못하느냐 하되

¹⁴한 마디도 대답하지 아니하시니
총독이 크게 놀라워하더라

¹⁵명절이 되면 총독이 무리의 청원대로
죄수 한 사람을 놓아 주는 전례가 있더니

<sup>16</sup>그 때에 바라바라 하는 유명한 죄수가 있는데

<sup>17</sup>그들이 모였을 때에 빌라도가 물어 이르되
너희는 내가 누구를 너희에게 놓아 주기를 원하느냐
바라바냐 그리스도라 하는 예수냐 하니

<sup>18</sup>이는 그가 그들의 시기로 예수를 넘겨 준 줄 앎이더라

<sup>19</sup>총독이 재판석에 앉았을 때에
그의 아내가 사람을 보내어 이르되

저 옳은 사람에게 아무 상관도 하지 마옵소서
오늘 꿈에 내가 그 사람으로 인하여
애를 많이 태웠나이다 하더라

<sup>20</sup>대제사장들과 장로들이 무리를 권하여
바라바를 달라 하게 하고 예수를 죽이자 하게 하였더니

²¹ 총독이 대답하여 이르되
둘 중의 누구를 너희에게 놓아 주기를 원하느냐
이르되 바라바로소이다

²² 빌라도가 이르되
그러면 그리스도라 하는 예수를 내가 어떻게 하랴
그들이 다 이르되 십자가에 못 박혀야 하겠나이다

²³ 빌라도가 이르되 어찜이냐 무슨 악한 일을 하였느냐
그들이 더욱 소리 질러 이르되
십자가에 못 박혀야 하겠나이다 하는지라

²⁴ 빌라도가 아무 성과도 없이
도리어 민란이 나려는 것을 보고
물을 가져다가 무리 앞에서 손을 씻으며 이르되

이 사람의 피에 대하여 나는 무죄하니 너희가 당하라

25 백성이 다 대답하여 이르되
그 피를 우리와 우리 자손에게 돌릴지어다 하거늘

26 이에 바라바는 그들에게 놓아 주고
예수는 채찍질하고 십자가에 못 박히게 넘겨 주니라

### 군병들이 예수를 희롱하다

27 이에 총독의 군병들이 예수를 데리고
관정 안으로 들어가서 온 군대(軍隊)를 그에게로 모으고

28 그의 옷을 벗기고 홍포를 입히며

29 가시관을 엮어 그 머리에 씌우고
갈대를 그 오른손에 들리고
그 앞에서 무릎을 꿇고 희롱하여 이르되

유대인의 왕이여 평안할지어다 하며

30 그에게 침 뱉고 갈대를 빼앗아 그의 머리를 치더라

31 희롱을 다 한 후 홍포를 벗기고 도로 그의 옷을 입혀
십자가에 못 박으려고 끌고 나가니라

## 십자가에 못 박히시다

32 나가다가 시몬이란 구레네 사람을 만나매
그에게 예수의 십자가를 억지로 지워 가게 하였더라

33 골고다 즉 해골의 곳이라는 곳에 이르러

34 쓸개 탄 포도주를 예수께 주어 마시게 하려 하였더니
예수께서 맛보시고 마시고자 하지 아니하시더라

35 그들이 예수를 십자가에 못 박은 후에
그 옷을 제비 뽑아 나누고

36 거기 앉아 지키더라

37 그 머리 위에 이는 유대인의 왕 예수라 쓴
죄패를 붙였더라

38 이 때에 예수와 함께 강도 둘이 십자가에 못 박히니
하나는 우편에, 하나는 좌편에 있더라

39 지나가는 자들은 자기 머리를 흔들며 예수를 모욕하여

40 이르되 성전을 헐고 사흘에 짓는 자여
네가 만일 하나님의 아들이어든 자기를 구원하고
십자가에서 내려오라 하며

41 그와 같이 대제사장들도
서기관들과 장로들과 함께 희롱하여 이르되

42 그가 남은 구원하였으되 자기는 구원할 수 없도다

그가 이스라엘의 왕이로다 지금 십자가에서 내려올지어다
그리하면 우리가 믿겠노라

43 그가 하나님을 신뢰하니 하나님이 원하시면
이제 그를 구원하실지라
그의 말이 나는 하나님의 아들이라 하였도다 하며

44 함께 십자가에 못 박힌 강도들도 이와 같이 욕하더라

**영혼이 떠나시다**
45 제육시로부터 온 땅에 어둠이 임하여
제구시까지 계속되더니

46 제구시쯤에 예수께서 크게 소리 질러 이르시되
엘리 엘리 라마 사박다니 하시니
이는 곧 나의 하나님, 나의 하나님,

어찌하여 나를 버리셨나이까 하는 뜻이라

47 거기 섰던 자 중 어떤 이들이 듣고 이르되
이 사람이 엘리야를 부른다 하고

48 그 중의 한 사람이 곧 달려가서 해면을 가져다가
신 포도주에 적시어 갈대에 꿰어 마시게 하거늘

49 그 남은 사람들이 이르되 가만 두라
엘리야가 와서 그를 구원하나 보자 하더라

50 예수께서 다시 크게 소리 지르시고 영혼이 떠나시니라

51 이에 성소 휘장이 위로부터 아래까지 찢어져 둘이 되고
땅이 진동하며 바위가 터지고

52 무덤들이 열리며 자던 성도의 몸이 많이 일어나되

53 예수의 부활 후에 그들이 무덤에서 나와서

거룩한 성에 들어가 많은 사람에게 보이니라

54 백부장과 및 함께 예수를 지키던 자들이
지진과 그 일어난 일들을 보고 심히 두려워하여 이르되
이는 진실로 하나님의 아들이었도다 하더라

55 예수를 섬기며 갈릴리에서부터 따라온
많은 여자가 거기 있어 멀리서 바라보고 있으니

56 그 중에는 막달라 마리아와 또 야고보와
요셉의 어머니 마리아와
또 세베대의 아들들의 어머니도 있더라

### 요셉이 예수의 시체를 무덤에 넣어 두다

57 저물었을 때에 아리마대의 부자 요셉이라 하는
사람이 왔으니 그도 예수의 제자라

58 빌라도에게 가서 예수의 시체를 달라 하니
이에 빌라도가 내주라 명령하거늘

59 요셉이 시체를 가져다가 깨끗한 세마포로 싸서

60 바위 속에 판 자기 새 무덤에 넣어 두고
큰 돌을 굴려 무덤 문에 놓고 가니

61 거기 막달라 마리아와
다른 마리아가 무덤을 향하여 앉았더라

## 경비병이 무덤을 지키다

62 그 이튿날은 준비일 다음 날이라
대제사장들과 바리새인들이 함께 빌라도에게 모여 이르되

63 주여 저 속이던 자가 살아 있을 때에 말하되
내가 사흘 후에 다시 살아나리라 한 것을

우리가 기억하노니

⁶⁴그러므로 명령하여 그 무덤을 사흘까지
굳게 지키게 하소서
그의 제자들이 와서 시체를 도둑질하여 가고

백성에게 말하되 그가 죽은 자 가운데서 살아났다 하면
후의 속임이 전보다 더 클까 하나이다 하니

⁶⁵빌라도가 이르되 너희에게 경비병이 있으니
가서 힘대로 굳게 지키라 하거늘

⁶⁶그들이 경비병과 함께 가서 돌을 인봉하고
무덤을 굳게 지키니라

## 살아나시다

**28** ¹안식일이 다 지나고 안식 후 첫날이 되려는 새벽에

막달라 마리아와 다른 마리아가 무덤을 보려고 갔더니

2 큰 지진이 나며 주의 천사가 하늘로부터 내려와
돌을 굴려 내고 그 위에 앉았는데

3 그 형상이 번개 같고 그 옷은 눈 같이 희거늘

4 지키던 자들이 그를 무서워하여 떨며
죽은 사람과 같이 되었더라

5 천사(天使)가 여자들에게 말하여 이르되
너희는 무서워하지 말라

십자가에 못 박히신 예수를
너희가 찾는 줄을 내가 아노라

6 그가 여기 계시지 않고
그가 말씀 하시던 대로 살아나셨느니라

와서 그가 누우셨던 곳을 보라

7 또 빨리 가서 그의 제자들에게 이르되
그가 죽은 자 가운데서 살아나셨고
너희보다 먼저 갈릴리로 가시나니

거기서 너희가 뵈오리라 하라
보라 내가 너희에게 일렀느니라 하거늘

8 그 여자들이 무서움과 큰 기쁨으로 빨리 무덤을 떠나
제자들에게 알리려고 달음질할새

9 예수께서 그들을 만나 이르시되 평안하냐 하시거늘
여자들이 나아가 그 발을 붙잡고 경배하니

10 이에 예수께서 이르시되 무서워하지 말라
가서 내 형제들에게 갈릴리로 가라 하라

거기서 나를 보리라 하시니라

## 경비병의 보고

<sup>11</sup>여자들이 갈 때 경비병 중 몇이 성에 들어가
모든 된 일을 대제사장들에게 알리니

<sup>12</sup>그들이 장로들과 함께 모여 의논하고
군인들에게 돈을 많이 주며

<sup>13</sup>이르되 너희는 말하기를 그의 제자들이 밤에 와서
우리가 잘 때에 그를 도둑질하여 갔다 하라

<sup>14</sup>만일 이 말이 총독에게 들리면
우리가 권하여 너희로 근심하지 않게 하리라 하니

<sup>15</sup>군인들이 돈을 받고 가르친 대로 하였으니
이 말이 오늘날까지 유대인 가운데 두루 퍼지니라

**제자들에게 할 일을 분부하시다**

¹⁶열한 제자가 갈릴리에 가서
예수께서 지시하신 산에 이르러

¹⁷예수를 뵈옵고 경배하나
아직도 의심하는 사람들이 있더라

¹⁸예수께서 나아와 말씀하여 이르시되
하늘과 땅의 모든 권세를 내게 주셨으니

¹⁹그러므로 너희는 가서 모든 민족(民族)을 제자로 삼아
아버지와 아들과 성령의 이름으로 세례를 베풀고

²⁰내가 너희에게 분부한 모든 것을 가르쳐 지키게 하라
볼지어다 내가 세상 끝날까지 너희와 항상 함께 있으리라
하시니라

## » Thinking space ...

개역개정 · 신약성경 쓰기

① 마태복음하

**1판 1쇄 발행** 2022년 3월 16일

펴낸곳 우슬북
엮은이 김영기

출판등록 2019년 4월 1일(제568-2019-000006호)
주소 충남 당진시 송산면 유곡로 20
출판사 전화 010.5424.7706
이메일 hyssop2000@daum.net
총판 하늘유통(031.947.7777)

값 7,000원
ISBN 979-11-973755-7-6